664 – SQUASH – BADMINTON – 664

D1872816

PERLEN-REIHE BAND 664

SQUASH BADMINTON

von

Franz Peissensteiner

VERLAG PERLEN-REIHE
WIEN – MÜNCHEN – ZÜRICH

Umschlaggestaltung, Zeichnungen
Michael Otto

Gesamtredaktion: Mag. Peter Autengruber

ISBN 3-85223-200-7

Alle Rechte vorbehalten
Copyright by Verlag Perlen-Reihe, Wien
Printed in Austria
Druck: REMA*print*, Wien

Inhaltsverzeichnis

Teil I Squash Seite

Teil II Badminton Seite

Teil I

Squash

1. Zum Begriff und zur Geschichte des Squash

Squash (englisch.: to squash – zusammendrücken), das scheinbar sinn- und planlose Hin- und Herdreschen einer patzweichen Gummikugel zwischen drei Mauern und einer Glaswand, wo sich auf einer kleinen Fläche zwei Spieler ständig gegenseitig auf die Zehen steigen, beginnt schön langsam das Image der Schickeriabeschäftigung abzulegen und sich zu einer ernsthaften Sportart zu mausern.

Was ist Squash nun wirklich?

Der Ball wird im Gegensatz zu Tennis oder Badminton nicht über ein Netz in das gegnerische Spielfeld plaziert, sondern über das sogenannte Brett (engl.: tin) gegen eine Wand in das Spielfeld zurückgeschlagen. Die Absicht des Spielers ist es, den Gegner durch (erlaubte) technische und auch taktische Mittel zu Fehlern zu zwingen.

Auf Grund der besonderen Beschaffenheit des Courts (engl.: Hof) ist das Spielfeld nur nach oben hin begrenzt. Auch die Art des Balles (läßt sich ganz zusammendrücken) garantiert ein flottes, abwechslungsreiches Erlebnis.

In den sogenannten guten, alten Zeiten haben sich die Gentlemen mit Pistolen oder Säbel duelliert, heute geht man jedoch zu diesem Zweck auf den Court und kann solcherart seine Aggressivität am besten abbauen.

Wie hat sich Squash entwickelt und kann man es mit anderen Sportarten vergleichen?

In der Reihe der mit einem Racket betriebenen Sportarten gibt es eine Anzahl von ähnlichen Spielen, wie zum Beispiel Royal Tennis oder Pelota, die Parallelen zum heutigen Squash aufweisen, wo der Ball mit der Hand oder mit einem Schläger gegen ein Hindernis geschlagen wird. Jedem eingefleischten Squasher wird diese Behauptung aber Schauer über den Rücken jagen, denn Eingeweihte wissen: Squash ist einmalig und schwer vergleichbar!

Nun zur Geschichte

Der Ursprung von Squash geht aus der englischen Harrow School hervor, wo die Schüler in den Pausen zur körperlichen und geistigen Erholung ein Spiel mit dem Namen „Fives“ gespielt haben. Hier wurde vorerst eine etwa tennisballgroße, harte Kugel mit der Hand gegen eine Wand geschlagen. Später hat man dann, durch einen Handschuh geschützt, einen Schläger zu Hilfe genommen. Daraus entstand das Spiel „Racket“. Anstatt der harten Bälle benutzten die Spieler (um die umliegenden Fensterscheiben zu schonen) weichere Bälle. Dies wird als die Geburt des heutigen Squashspiels angesehen (von den diversen Regeländerungen und der Materialentwicklung im Laufe der Jahre natürlich abgesehen).

Die ersten geschlossenen Courts sollen dann um 1840 entstanden sein.

Die ersten international auch anerkannten Regeln sind im Jahre 1924 vom Trainer des damals wichtigsten englischen Clubs (Bath Club), Charles Arnold, ins Leben gerufen worden. Daraufhin trat der Squash-Sport aus den engen Landesgrenzen in die internationale Öffentlichkeit hervor.

Es ist daher keinesfalls verwunderlich, daß Spieler aus den ehemaligen Kolonien des Mutterlandes des Squash-Sports (Indien, Ägypten, Pakistan, Australien, Canada) auch heute noch diesen Sport dominieren.

2. Statt eines Vorwortes

Gespräch des Autors mit einem Squash-Trainer und Squash-Spieler

Autor: Wo kann man Squash eigentlich betreiben?

Trainer: Squash wird in einem Raum, der nach vier Seiten hin abgeschlossen und nur nach oben offen ist, gespielt.

Spieler: Die Fachbezeichnung für das Spielfeld kommt aus dem Englischen und lautet „Court".

Autor: Welche Regeln gibt es bei diesem Sport?

Trainer: Das würde zu weit führen, jetzt eine ausführliche Schilderung abzugeben. Es soll aber gesagt werden, daß die Regeln im Prinzip recht einfach sind, da ja auch der Sinn des Spieles einfach nur darin besteht, dem Gegner das Retournieren des Balles so schwer wie möglich zu machen und ihn zu Fehlern zu verleiten.

Spieler: Ja, dazu muß aber noch gesagt werden, daß man den Mitspieler in keinem Fall absichtlich behindern oder sogar gefährden darf.

Autor: Hier sind wir gleich bei einem interessanten Thema: Wir sieht es mit der Verletzungsgefahr bei Squash aus?

Spieler: Die Verletzungsgefahr ist nicht viel größer als bei anderen, vergleichbaren Sportarten, von den üblichen Verstauchungen, Zerrungen und Prellungen abgesehen, die es aber, wie gesagt, in anderen Sportarten auch gibt.

Trainer: Die angesprochene Verletzungsgefahr besteht hauptsächlich bei Anfängern, in der Form der Berührung des Partners mit dem Schläger oder dem Touchieren der Wand. Vor allem, wenn zwei Anfänger auf dem Court sind, kann es hier zu blutigen, aber im Grunde recht harmlosen Verletzungen kommen.

Autor: Wieviel Zeitaufwand benötigt man, um Squash zu erlernen?

Trainer: Das ist unterschiedlich. In der Regel genügen ca. 10 Trainingseinheiten (das ist regional verschieden, 1/2—3/4 Stunden pro Einheit), um die Grundbegriffe zu kennen. Das hängt aber ganz vom Trainingsfleiß und der Konzentrationsfähigkeit des Spielers ab.

Spieler: Es kommt auch darauf an, was jemand, der Squash spielen will, letztlich damit bezweckt. Als reiner Mittagspausen- oder Feierabendsport betrieben, wird die vorhin erwähnte Zeit vollkommen ausreichen. Für sportlich gesteckte Ziele allerdings wird es schon vonnöten sein, die Zahl der Trainingseinheiten nach Rücksprache mit dem Trainer zu erhöhen.

Trainer: Und zwar regelmäßig zwei- bis dreimal die

Woche!

Autor: Wie sieht es mit der Ausrüstung aus? Ist die sehr teuer?

Trainer: Überhaupt nicht! Für Anfänger gibt es in jedem Center die Rackets auszuleihen. Die Schuhe sollten so beschaffen sein, daß die Sohlen keine Spuren auf dem Boden hinterlassen.

Spieler: Hinsichtlich der Kleidung gibt es für den Anfänger keine besonderen Vorschriften. Für Turnierspieler allerdings ist helle Spielkleidung zwingend vorgeschrieben.
Es gibt natürlich auch eigens für Squash angefertigte Sportkleidung, aber für die ersten Gehversuche tun es eine ganz normale Turnhose und ein (nicht zu enges) T-Shirt.

Autor: Welchen Stellenwert besitzt Squash heute?

Trainer: Der Beginn des heutigen Squash-Sports ist sicher in der Übersättigung der Schickeria oder eben derer, die sich dafür halten, zu suchen. Hier hat sich mit einem Schlag etwas Neues, ganz anderes (der beinharte Kampf, das direkte Duell der Gegner) angeboten.

Spieler: Außerdem ist Squash sicherlich der Sport, der wie kaum ein anderer unserem „Zeitgeist" so gut entspricht. In kürzester Zeit können hier Aggressionen abgebaut, Konzentrationsfähigkeit gestärkt und die Fitness überprüft werden. Lange wurde auch mit dem Argument, Squash sei der ideale Ausgleichssport für streßgeplagte Manager, geworben. Ich würde aber sagen, daß Squash der ideale Sport für jeden ist, der gerne Bewegung macht und für seine Kondition etwas tun möchte.

Trainer: Ja, man darf hier auf keinen Fall vergessen, daß bei dieser Sportart jeder nur halbwegs sportliche Mensch ein raschestmögliches Erfolgserlebnis haben kann.
Also genau das Richtige in unserer schnelllebigen Zeit. Mit geringstem Zeitaufwand zum größtmöglichen Erfolg. Zumindest auf Hobbysportebene.

Autor: Und wie gedenkt man vom Image des Schikeriasports wegzukommen?

Trainer: Das ist gar nicht so leicht. Durch gezielte Maßnahmen wie Werbung, Turnierveranstaltungen und Aufklärungsarbeit wird langsam, aber stetig das Bild vom Sport der „übergewichtigen Manager“ in den Hintergrund gedrängt.

Spieler: Aber auch im Bewußtsein der Hobbysportler nimmt Squash einen immer breiteren Raum ein. Es wird mehr Zeit zum Training aufgewendet und die reinen „Mittagspausenspieler“ sind im Verschwinden begriffen. Dies soll aber keine Abwertung von Spielern sein, die nur wenig Zeit für das Training haben.

Autor: Gibt es nach dem Spiel auch Erholungsmöglichkeiten?

Trainer: Ja, sehr gute! Die Infrastruktur der meisten Squash-Center ist so angelegt, daß ein komplettes Erholungszentrum mit Duschen, Sauna und Kraftkammer etc. dem Center angeschlossen ist. Die Benutzung ist in der Courtmiete meist schon includiert.

Autor: Welche Rolle spielt das Material?

Trainer: Der Schläger und der Ball sind schon für das Gelingen eines guten Spieles zum Teil ausschlaggebend. Die Hauptlast hat aber immer der Spieler zu tragen. Es nützt ihm das beste Material nichts, wenn er schlecht in Form ist oder es nicht richtig einsetzt.

Spieler: In erster Linie (vom Material her gesehen) ist wohl der Schläger wichtig, da hier einer der Gründe für die Schnelligkeit des Spiels, die Beschaffenheit des Schlägerkopfes, zu suchen ist. Die Bälle sind in Gewicht und Größe genormt und die verschiedenen Geschwindigkeitsstufen durch verschiedenfärbige Punkte gekennzeichnet.

Autor: Welchen Wunsch haben Trainer und Spieler für die Zukunft, das heißt für die weitere Entwicklung dieses Sports?

Trainer: Ich wünsche mir, daß Squash vom Image des Schickeriasports wegkommt und daß die kommerzielle Auswertung dieser Sportart

(ein Squash-Center stellt immerhin ein beachtliches finanzielles Potential dar und wird von privater Hand nach kaufmännischen Gesichtspunkten geführt) etwas mehr Hand in Hand mit der sportlichen Seite der Angelegenheit geht.
Damit meine ich, daß die Platzbesitzer, nach Maßgabe ihrer Möglichkeiten, etwas mehr auf die Wünsche der Vereine eingehen.

Spieler: Mein Wunsch wäre eine Ausweitung der sportlichen und organisatorischen Aktivitäten von Seiten des Verbandes aus. Regelmäßige Abhaltung von verschiedenen Meisterschaften auf Landes- und Bundesebene, sowie eine bessere Bewerbung unseres Sports. Auch eine Zunahme der aktiven Sportler wäre, um hier eine solidere Basis zu erreichen, sehr wünschenswert.

Autor: Man kann also abschließend sagen, daß Squash zu den aufstrebenden, aber noch nicht voll etablierten Sportarten gehört und noch mit all den Schwierigkeiten, wie z. B. Organisation, Image, flächenmäßige Verbreitung etc. zu kämpfen hat. Dessen ungeachtet ist Squash aber ein schöner, interessanter Sport, der auf einem durchaus finanzierbaren Niveau steht und den man auch als Normalbürger, das heißt, mit durchschnittlicher Gesundheit und Kondition, betreiben kann.

3. Wo wird Squash gespielt? Beschreibung eines Squash-Centers

Wir betreten ein Squash-Center und sofort empfängt uns die eigenartige Atmosphäre und der Geruch von Gummi, Holz und Düften aus dem Buffet, eine eigentlich unbeschreibliche, jedoch nicht unangenehme Mischung.

Gleich links neben dem Haupteingang befinden sich verschiedene Büroräume, das Buffet und ein Gästeraum, von dem aus man einen ungestörten Blick auf die beiden im „Keller" gelegenen Courts hat und bei einer spannenden Partie eine Schale Kaffee genießen kann.

Die Decke, vom Eingang weg bis in den letzten Winkel des Buffets, ist mit kaputten Rackets tapeziert, die sich im Laufe der Jahre angesammelt haben. Eine sehr effektvolle, gute Lösung.

Auf den anderen Etagen befinden sich sieben weitere Courts, einige Ruheräume und eine kleine Sonnenterrasse. Auf das Erdgeschoß und den Keller teilen sich dann noch Sauna, Duschen und bei gut eingerichteten Centern Massage- und Gymnastikräume auf.

(Der Autor möchte hier betonen, daß es sich bei dieser Beschreibung um ein ganz spezielles Squash-Center handelt. Nicht alle Anlagen müssen in so einer Form gebaut sein.)

Es gibt aber auch Center mit weniger Courts. Die Anzahl richtet sich ganz nach dem vorhandenen Platzangebot und den vorhandenen Mitteln (3—13 und mehr).

Im allgemeinen kann man sagen, daß der Bau eines Courts (das ist das Spielfeld) samt der dazugehörigen Infrastruktur (Sauna etc.) sich auf ungefähr eine Million Schilling beläuft.

Die Kosten im einzelnen sollen aber hier nicht aufgeschlüsselt werden, da sie für den Spieler kaum interessant sind. Sollten Sie jedoch nach der Lektüre dieses Buches nicht nur die unbändige Lust verspüren, selbst mit Squash zu beginnen, sondern auch ein eigenes Center zu eröffnen, dann lassen Sie sich vom zuständigen Verband beraten, oder falls Sie die Adresse nicht herausfinden, wenden Sie sich an das nächste Squash-Center, dort kann man Ihnen in dieser Richtung bestimmt weiterhelfen.

Kommerziell gesehen ist ein Squash-Center auf die Dauer sicherlich ein gutes Geschäft, da dieser Sport erstens im Moment im Aufwind und zweitens für städtische Verhältnisse geradezu ideal ist (wenig Platz, wenig Zeitaufwand).

Man kann sich leicht selbst ausrechnen, welcher Betrag bei einer Stundenpauschale (30 min.) von S 70—150,— Courtmiete und einer Auslastung von angenommen 70 % sich bei ganztägiger Öffnungszeit ergeben würde.

Als zusätzliche Einnahmequelle für die Center dienen der Verkauf von Squash-Artikel und Einnahmen aus einem Buffetbetrieb (fast in jedem Center vorhanden).

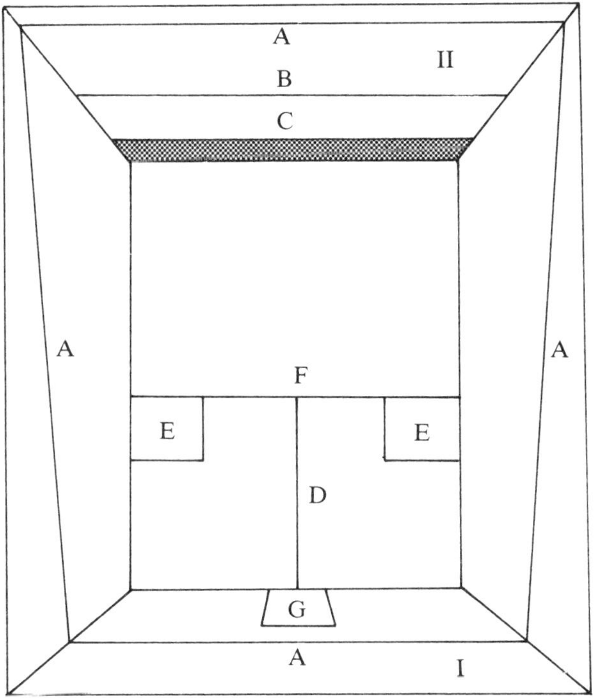

Zeichnung eines Courts und Beschreibung

A = Auslinie			
B = Aufschlaglinie		F = Grundlinie	
C = Brett (Tin)		G = Ausgang	
D = Mittellinie		I = Rückwand	
E = Aufschlagrechteck		II = Stirnwand	

Die Grundfläche des Spielfeldes beträgt 9,754 m x 6,401 m. An der Stirnwand befindet sich die Auslinie in 4,572 m und an der Rückwand in 2,134 m Höhe.

Die Auslinie verläuft an den Seitenwänden nach vorne in 4,572 m auf 2,134 m nach rückwärts. Die lichte Höhe des Spielfeldes sollte 6 m betragen.

Das Brett (engl.: tin) ist 45,3 cm über dem Boden an der Stirnwand angebracht. Sein Material und das des darunterliegenden Bereiches soll so beschaffen sein, daß es einen deutlich anderen Klang als die Spielwände beim Aufprall des Balles hat.

Die anderen vorhandenen Linien beziehen sich alle auf den Aufschlag: die Aufschlaglinie (1,829 m) an der Stirnwand, die Querlinie in 5,486 m Abstand von der Stirnwand, die Mittellinie, die das rückwärtige Feld teilt und die Angabe-(Aufschlag-) Vierecke mit den inneren Abmessungen von 1,601 x 1,601 m.

Die Auslinien müssen 5 cm breit sein, die anderen Markierungslinien sollen eine Breite von 5 cm nicht überschreiten. Die Linien müssen rot sein. Die Auslinien sollen konkav sein, damit der Ball bei der Berührung deutlich verspringt.

Zum Abschluß sei noch gesagt, daß die etwas seltsam anmutenden Maße dadurch zustande kommen, weil die Originalmaße in engl. Einheiten (feet) angegeben sind und erst auf das metrische System umgelegt werden mußten.

4. Die Ausrüstung

4.1. Das Racket

Das Squash-Racket ähnelt von der Optik her dem Badmintonschläger, weist aber technisch starke Parallelen zum Tennisschläger auf. Die Schlagfläche beim Squash-Racket ist allerdings wesentlich kleiner als beim Tennisschläger.

Einer der Gründe für die Schnelligkeit des Spieles ist daher in der leichten Bauweise und im kleinen Schlägerkopf zu suchen. Man hat, so wie beim Tennisschläger auch beim Squash versucht, durch vergrößerte Schlagflächen Vorteile bei der Ballübernahme zu gewinnen. Durch die genormten Maße des Schlägerkopfes sind dieser Absicht allerdings relativ enge Grenzen gesetzt.

Die Materialien für den Schläger selbst können Holz, Graphit, Karbon (oder eine Mischung daraus) für den Schlägerkopf sein. Der Stiel muß aus Fiberglas, Holz oder Metall bestehen.

Für die Griffe gibt es hinsichtlich des Materials oder der Stärke keinerlei Vorschriften. Es sind Rund-, Kant- oder auch Flachgriffe erlaubt. Diesbezüglich gibt es keinerlei Normen.

Hier nun die festgesetzten Schlägermaße:

Gesamtlänge:	nicht mehr als 68,5 cm
Bespannung:	nicht breiter als 18,4 cm
	nicht länger als 21,5 cm
Schlägerkopf:	nicht breiter als 14 cm
	nicht länger als 20 cm

Der Rahmen muß aus Holz oder einem anderen von der ISRF (int. Verb.) erlaubten Material sein. Die Materialien für den Griff sind jedem Spieler freigestellt.

4.2. Der Ball

Der Squash-Ball besteht aus Gummi oder einer Gummi-Butyl-Mischung. Er hat eine matte Oberfläche.

Folgende Maße sind zwingend vorgeschrieben:

Größe:	mind. 39,5 cm – höchstens 41,5 cm
Gewicht:	zwischen 23,3 g – 24,6 g

Die Bälle gibt es in vier verschiedenen Geschwindigkeiten. Diese sind durch farbige Punkte gekennzeichnet:

Gelb: sehr langsam
Weiß: langsam
Rot: mittel
Blau: schnell

Sehr wichtig ist es, den Ball erst „warmzuspielen“, damit durch das Sprungverhalten eine reguläre Partie gegeben ist. Ist der Ball kalt, dann legt er nämlich (durch den geringen Innendruck) ein vor allem für den Anfänger kaum zu berechnendes Sprungverhalten an den Tag. In warmgespieltem Zustand jedoch ist die Luft im Inneren des Balles so ausgedehnt, daß ein einheitliches Sprungverhalten (egal bei welchen Außentemperaturen) erreicht wird.

4.3. Kleidung

Hiezu ist zu sagen, daß es eigens für Squash gefertigte Sportkleidung gibt. Bunte Spielkleidung ist zwar in den meisten Squash-Hallen gestattet, gerne gesehen wird sie jedoch nicht. Für den Wettkampf ist weiße (pastellfarbige) Kleidung zwingend vorgeschrieben, da bei dunkler Kleidung der Ball der Sicht des Spielpartners für kurze Zeit entzogen werden kann.

Die Schuhe sollten so beschaffen sein, daß ihre Sohlen auf dem Boden keinerlei Spuren hinterlassen.

Hemden sollten aus dehnbarem Material sein, lang genug, um sie bequem in die Hose stecken zu können.

Socken gibt es auch schon speziell für Squash gefertigte, mit verstärkter Sohle, aber hier muß jeder nach seinem Gefühl sich das Material aussuchen, mit dem er am besten zurecht kommt. Ich kann aber dehnbare Socken aus reiner Baumwolle jedem Spieler nur wärmstens ans Herz legen.

Wenn man sich nun (nach den ersten Gehversuchen) doch dazu entschließt, mit Squash zu beginnen, dann sollte man sich bezüglich Ausrüstungskauf zuerst mit seinem Trainer unterhalten.

Stürzen Sie nicht gleich ins nächste Sportgeschäft und kaufen Sie dort alles, was gut und teuer ist. In der Praxis ist es oft so, daß die Sportartikelverkäufer, bedingt durch die Vielfalt ihrer Produkte, kaum ausreichende Informationen über etwas speziellere Artikel, wie eben zum Beispiel Squash-Ausrüstungen, haben. Deswegen ist es eben wichtig, sich vorher zu informieren.

5. Das Training

Zeitaufwand

Für den Durchschnittsspieler ist die Zeit kaum das größte Trainingsproblem. Die meisten Amateurspieler haben ohnehin nicht mehr als 3 Trainingseinheiten pro Woche Zeit. Von intensivem Schlagtraining, gezieltem Lauftraining oder Gymnastiktraining gar nicht zu reden.

Hier nun **einige Tips,** wie man bei geringem Zeitaufwand spielen kann und sich trotzdem die Freude am Squash erhält.

- Versuchen Sie bessere Spieler als Partner zu gewinnen. Man kann hier viel lernen und wird ständig unter Druck gehalten. Damit lernt man auch besser mit Problemsituationen, die viel Hektik erzeugen, fertig zu werden.
- Nehmen Sie, sooft es eben geht, Trainerstunden. Der Trainer kann Sie auf eventuelle Schwächen, wie z. B. Fußfehler, unkorrekten Griff etc. aufmerksam machen und mit Ihnen gemeinsam diese Fehler beheben.

  Trainiert man allein, lernt man oft gewisse Unarten ein, die man später dann nur mehr sehr schwer wieder wegbringt.
- Üben Sie auch allein, damit die mit dem Trainer erarbeiteten Spielzüge in aller Ruhe in die Praxis umgesetzt werden. Auch ein balloses Training, wo nur

die Schlagtechnik geübt wird, ist zu empfehlen.

Trainingsbeispiele

Kann man eine bestimmte Anzahl aufeinander folgender Volleys an die Frontwand spielen (Vorder- oder Rückwand)?

Kann man vom „T“ Stoppbälle an die Vorder- oder Rückhandecke spielen?

Wie oft gelingt der korrekte, ununterbrochene Ballkontakt?

Spielen Sie ein Match ohne Ball. Das heißt, Sie simulieren ein Spiel ohne Gegner, in dem Sie die bisher gelernten Bewegungsabläufe zu verwerten versuchen. Dies ist zwar meistens nicht mehr lustig, bringt aber großen Routinegewinn.

Wenn Sie all dies konsequent durchführen, dann werden Sie feststellen, daß ein volles Trainingsprogramm eine recht harte, unbequeme Sache sein kann. Die Früchte aber werden Sie in Ihren nächsten Partien ernten.

Verletzungsgefahr / gesundheitliche Aspekte

Wie vorher bereits kurz erwähnt, ist die Verletzungsgefahr beim Squash auch nicht größer als bei anderen vergleichbaren Sportarten (Tennis, Badminton). Wenn Sie dafür Sorge tragen, vor einem Spiel richtig aufgewärmt zu sein (Einspielzeit), dann wird kaum etwas passieren.

Durch die Eigenart des Spieles (zwei Personen, sich ständig auf engstem Raume bewegend) kann es bei einer schnellen Ausweichbewegung natürlich vorkommen, daß Sie stürzen oder heftig gegen die Wand prallen und sich somit eine Zerrung, Prellung oder Verstauchung zuziehen. Das sind wohl die häufigsten Verletzungen beim Squash.

Es kommt natürlich (vor allem bei Anfängern) immer wieder vor, daß sie (durch eine ungeschickte Bewegung) den Gegner mit dem Schläger treffen. Hier kann es schon zu offenen Wunden kommen. Man muß aber dazu sagen, daß dies doch ziemlich selten der Fall ist.

Auch die Frage nach den gesundheitlichen Aspekten wurde schon kurz angeschnitten.

Nun, wenn Sie sich Ihres körperlichen Zustandes nicht ganz sicher sind, dann sollten Sie, bevor Sie sich ins Squash-Abenteuer stürzen, auf jeden Fall Ihren Hausarzt zu Rate ziehen. Riskieren Sie lieber nichts. Squash ist zwar keine (auf längere Sicht) extrem anstrengende Sportart, aber eine gesunde Vorsicht kann sicher nicht schaden.

Auf jeden Fall zur Vorsicht ist bei Herz-Kreislauferkrankungen zu raten. Durch die kurzzeitig hohe Belastung des Organismus könnte es hier sehr wohl zu Beschwerden kommen.

Sonst bleibt aber nur zu sagen, das Squash ein sehr gesunder, weil den ganzen Körper gleichmäßig fordernder Sport ist und im großen und ganzen unbedenklich ausgeübt werden kann.

6. Die Schlägerhaltung

Hier eine einfache „Eselsbrücke“. Man nehme den Schlägerkopf in die linke Hand und lege den Griff in die rechte. Nun nimmt man den Griff wie man jemandem die Hand gibt. Und schon hat man die richtige Griffhaltung. Bei Linkshändern funktioniert das genau umgekehrt.

Es sollte aber generell so sein, daß sich jeder die für ihn persönlich beste Schlägerhaltung selbst wählt. Der Trainer und erfahrene Spielerkollegen werden hier sicher gerne beratend zur Seite stehen.

Es ist wichig, daß der Zeigefinger (siehe nebenstehende Abb.) frei von den anderen Fingern den Griff umfaßt, dadurch ist der Schläger wesentlich leichter auszubalancieren.

Den Schlägergriff sollte man festhalten. Das Griffende sollte ein wenig über die Handfläche hinausragen.

6.1. Der Vorhand-Drive*

* Zur Erklärung der Fachausdrücke vgl. auch Kap. 8 (Kleines Squash-Lexikon)

Bei allen Schlagvariationen ist das Hauptaugenmerk auf die Drehung des Körpers in Verbindung mit der Fußarbeit zu legen. Ist beides richtig koordiniert, kann der Spieler unter Umständen noch knapp bevor er den Ball berührt die Art des Schlages auswählen.

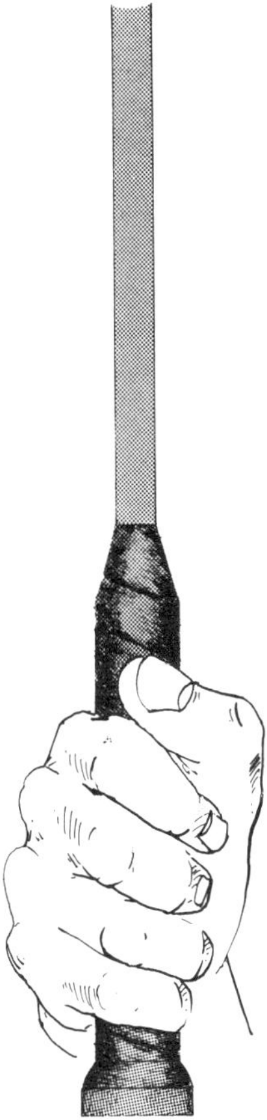

Man nimmt also beim Zurückgehen in die linke hintere Ecke den Schläger hoch und geht mit dem Körper etwas herunter, um den Ball aus der Ecke herauszubekommen. Dabei sollte man mit dem linken Fuß zuerst in die Ecke gehen, damit man es leichter hat, wieder aus der Ecke herauszukommen (Allerdings gibt es einige Gegenstimmen, die meinen, der rechte Fuß wäre doch mehr angebracht; aber hier scheiden sich wohl die theoretischen und praktischen Geister).

Geht man nämlich mit dem rechten Fuß zuerst in die Ecke, hat man höchstwahrscheinlich nur mehr eine einzige Schlagvariation, ein Boast, zur Verfügung.

Nach dem Spielen des Balles dreht man sich dann aus der Ecke heraus, der Schläger wird durchgezogen und schwingt aus. Werden diese Bewegungen möglichst exakt ausgeführt, kommt der Spieler automatisch in Richtung Platzmitte.

Ebenfalls sehr wichtig ist es, auf das Beugen der Beine, die angehobene Haltung des Handgelenkes und die Haltung des Kopfes zu achten. Dieser muß bis kurz nach der Schlagausführung unten behalten werden (sie müssen ihn sozusagen unter dem Arm tragen).

Um nochmals auf die Drehung aus der Ecke zurückzukommen! Die Durchführung (die gute Durchführung) ist extrem wichtig, sonst bleibt man in der Ecke fixiert und kommt nie wieder weg (das heißt, man kann sich dann nicht mehr rechtzeitig bewegen). Die Schulter nicht zu stark herumziehen und die gesamte Drehungsbewegung geschmeidig und nicht abrupt durchführen.

6.2. Der Rückhand-Drive

Man geht auf den Ball zu und hält dabei den Körper leicht gebückt (nicht ganz aufrecht). Sobald der linke Fuß vorne ist, wird der Ball gespielt. Man nimmt den Schläger weit zurück, zieht ihn aber nicht zu nah am Körper durch. Es ist sehr wichtig, daß der Schläger beim Durchziehen hoch schwingt und daher gute Schlagfreiheit gegeben ist. Der lange Ball wird daher gut und tief durchgezogen, die Knie sind gebeugt, das Gleichgewicht vorhanden und der Kopf unten, die rechte Schulter ist heruntergenommen.

Es ist noch wichtig, daß der Kopf nicht zu früh hochgenommen wird und man sich beim Beenden des Schlages sofort wieder zur Hallenmitte hin orientiert.

Verfolgen Sie den Ball stets mit den Augen und heben Sie Ihr Handgelenk so an, daß Sie einen eventuellen nächsten Ball sofort wieder spielen können.

6.3. Der Vorhand-Volley

Nach der Beobachtung der Flugbahn des Balles geht man nach links mit dem Schläger in Schlagposition. Bei der Vorwärtsbewegung hält man sich weder aufrecht noch tiefgebückt, sondern in einer lauernden, sprungbereiten Stellung. Dann sollte der Schläger so geöffnet werden, daß der Ball beim Spielen von unten angeschnitten wird. Der Kopf ist dabei unten über dem Ball zu halten. Das Ziel dieses Schlages ist es, daß er so niedrig wie möglich an die Frontwand kommt und von dort ganz nahe in den „Nick“ geht.

Der Schritt zum Ball hin soll lang und ruhig sein, der rechte Arm wird zurückgenommen, um das Gleichgewicht zu halten. Beim Auftreffen auf den Ball und beim Durchziehen soll der Arm leicht angewinkelt bleiben. Das Handgelenk ist die ganze Zeit über gespannt.

6.4. Der Rückhand-Volley

Man versucht, sich in einer halbwegs guten Position (etwa knapp hinter dem T) aufzustellen. Die Haltung ist so zu wählen, daß man den Schläger schnell auf eine der beiden Seiten bringen kann. Genaues Verfolgen des Balles, hohe Haltung des Schlägers und rechtzeitiges Strecken sind unerläßliche, wichtige Details, die es zu beachten gilt. Gerade beim Rückhandvolley ist es sehr wichtig, nicht aus dem Gleichgewicht zu kommen.

Generell ist zum Volley zu sagen, daß bei diesem Schlag in Extremsituationen Vorsicht geboten ist. Wenn Sie in Gefahr geraten, beim Spielen eines Volleys mit der Wand zu kollidieren, dann lassen Sie den Ball lieber passieren und versuchen Sie ihn dann von hinten aus dem Court herauszuholen. Das erspart Ihnen unter Umständen schmerzhafte und vor allem nicht notwendige Verletzungen.

6.5. Der Vorhand-Boast

Der Vorhand-Boast ist ein Schlag von der einen Seitenwand zur anderen Seitenwand über die Frontwand.

Hiezu vielleicht folgendes Beispiel: Entlang der Seitenwand bekomme ich einen Rückhandball gespielt, der von der Stirnwand recht kurz zurückgeht. Da mein Gegner hinter mir in seiner Ecke fast eingeschlossen ist, entscheide ich mich für den vorher erwähnten Schlag, der ihn zwingen soll, quer über das Feld nach vorne zu kommen. Indem man den Schläger ganz nach hinten nimmt, kann man seinen Mitspieler bis zum letzten Moment über seine Absichten im unklaren lassen. Eine wirklich gut gemachte Schlagausführung hat den Vorteil, daß man den Gegenspieler zwingt, blitzschnell nach vorne zu laufen, während man selbst das Heft fest in der Hand hält.

6.6. Der Rückhand-Boast

Einen Rückhand-Boast zu spielen ist dann gut, wenn der Partner den Ball so stark überzogen hat, daß er von der Rückwand zurück kommt. Bei dieser Schlagvariante muß man aber darauf achten, daß die Füße so gestellt sind, daß man sich sofort gleichzeitig mit dem Ball aus der Ecke herausdrehen kann. Durch die Verlagerung des Körpergewichtes während der Schlagausführung auf den linken Fuß ist man in der Lage, durch eine Drehung dem Ball zur Hallenmitte hin zu folgen. Dieser Schlag wird hart und ohne schneiden durchgeführt.

6.7. Der Vorhand-Dropshot

Für diesen Schlag ist es notwendig, sehr stark in die Knie zu gehen und den Oberkörper herunterzunehmen. Im Anschluß an den Schlag soll man sich sofort abrupt zurückziehen. Der Ball kommt von der Frontwand über die Seitenwand zurück und wird so nahe beim Gegner auftreffen, daß dieser Schwierigkeiten haben wird, ihn zu spielen. Wichtig bei diesem Schlag ist auch noch, die Anspannung des Handgelenks nicht zu früh zu lockern, da der Ball so nur angetippt wird. Das bedeutet aber, daß man so die Kontrolle über den Ball verlieren kann.

6.9. Der Rückhand-Dropshot

Die beste Stellung, aus der heraus man diesen Schlag spielen kann, ist nahe der Grundlinie. Man nähert sich dem Ball ohne Hast, bringt den Schläger in die höchste Stellung zurück und verlagert das Gewicht auf den vorderen Fuß. Knie und Oberkörper muß man wieder beugen, der linke Arm wird nicht zu weit ausgestreckt. Der Schlag wird relativ kurz gezogen und die Augen verfolgen den Ball.

6.10. Der Aufschlag

Beim Squash gibt es eigentlich nur einen einzigen Schlag, bei dem Sie als Spieler alle Gestaltungsmöglichkeiten haben und das ist der Aufschlag. Alle Vorteile liegen hier beim Aufschläger und wenn dieser sie geschickt nutzt, kann er das Spiel somit schon entscheidend beeinflußt haben. Der Gegenspieler muß auf der Grundlinie den Aufschlag seines Partners abwarten. Man sollte von Anfang an versuchen, den Gegner unter Druck zu setzen. Zu diesem Zweck spielt man am besten hoch an die Stirnwand, knapp von der Mitte entfernt auf die Seite des Gegners. Und zwar zwischen Auslinie und Aufschlaglinie, damit er von dort zur Seitenwand zurückfliegt.

Variieren Sie Ihren Aufschlag! Nach einigen hohen Bällen kann ein direkt auf den Gegner gespielter harter Ball direkt Wunder tun. Als Rechtshänder denken Sie daran, einen Linkshänder auf seiner Rückhand anzugreifen.

6.11. Die Aufschlagannahme

Das Hauptziel bei der Aufschlagannahme ist es, den Ball so zu retournieren, daß er so weit wie möglich vom Gegner entfernt bleibt. In der Regel wird der Ball so hoch wie möglich in die hinteren Ecken gespielt, entlang an der Seitenwand oder hoch über den Platz. Die beste Position für die Aufschlagannahme ist ungefähr 30 cm hinter der äußeren Ecke des Aufschlagfeldes. Hier kann man den Ball entweder als Volley annehmen, oder ihn passieren lassen und dann erst spielen, wenn er von hinten zurückkommt. Bei der Rückgabe ist es ebenfalls sehr wichtig, den Gegner von der Mitte des Platzes wegzulocken, um selbst diese günstige Stelle einnehmen zu können und somit den Platz zu dominieren.

7. Die Spielregeln

7.1. Das Spiel

Squash wird von zwei Spielern mit genormten Schlägern, mit Bällen, die das Normzeichen der ISRF tragen, auf einem rechteckigen, auf allen vier Seiten geschlossenen Spielfeld mit genormten Abmessungen gespielt.

7.2. Punkte- oder Ballgewinn

Ein Punkt kann immer nur vom Aufschläger gemacht werden. Widerspricht der Aufschlag oder das Return den Regeln, dann geht der Ballwechsel an den Gegenspieler über. Gewinnt der Aufschläger den Ballwechsel, erhält er den Punkt, gewinnt der Rückschläger, erhält er das Aufschlagsrecht und somit die Möglichkeit beim nächsten Ballwechsel zu punkten.

7.3. Der Aufschlag

Der Ball wird in die Luft geworfen und darf dabei weder den Boden, noch eine Wand berühren. Er muß so auf die Frontwand gespielt werden, daß er beim Zurückkommen in dem Viertel des Spielfeldes zu Boden geht, das an die Rückwand angrenzt und dem vom Aufschläger benutzten Aufschlagfeld gegenüber liegt, sofern er vom Rückschläger nicht schon vor Auftreffen auf dem Boden zurückgespielt wird. Der Aufschläger kann zu Beginn jedes Satzes und jedesmal, wenn er den

Aufschlag erhält, wählen, von welcher Seite er aufschlagen will.

Nach einem Punktegewinn muß er jeweils von der anderen Seite aufschlagen, und zwar solange er den Aufschlag behält, gegebenenfalls bis zum Ende des Satzes. Wird der Aufschlag von der falschen Seite ausgeführt, bedeutet dies aber keinen Strafpunkt, es sei denn, der Rückschläger macht keinen Versuch, den Ball zurückzuspielen und verlangt die Ausführung des Aufschlages aus dem richtigen Feld.

7.4. Das Aufschlagrecht

Das Aufschlagrecht wird zunächst durch schnelles Drehen des Schlägers ermittelt. Dann schlägt der Aufschläger solange auf, bis er den Ballwechsel verliert. Danach ist sein Gegenspieler am Zug usw.

7.5. Aufschlagfehler:

Ein Aufschlag ist dann fehlerhaft, wenn

1) der Aufschläger nicht mit mindestens einem Fuß innerhalb des Aufschlagfeldes steht, ohne dabei dessen Begrenzungslinie auftrifft
2) der Ball auf oder unterhalb der Aufschlaglinie berührt
3) der Ball auf oder vor der Grundlinie aufkommt
4) der Ball nach dem Aufschlag im falschen Viertel (d. h. in dem, aus dem er geschlagen wurde) oder auf der Mittellinie aufkommt.

7.6. Annahme eines Aufschlagfehlers

Der Rückschläger kann einen Aufschlagfehler annehmen. Versucht er dies, wird der Aufschlag gültig und der Ball bleibt im Spiel.

Ausnahme: Der Ball berührt den Aufschläger, dessen Kleidung oder Ausrüstung, bevor er zum zweiten Mal auf den Boden fällt.

7.7. Aufschlagverlust

Ein Verlust des Aufschlages tritt dann ein, wenn

a) der Ball auf oder unter das Playboard oder aus dem Spielfeld geschlagen wird oder irgendeinen Teil des Spielfeldes vor dem Erreichen der Stirnwand berührt.
b) der Ball nicht in die Luft geworfen wird, wenn er eine Wand oder den Boden berührt, bevor er geschlagen wird, und wenn er bei Ausführung des Schlages verfehlt oder zweimal getroffen wird.
c) der Aufschläger zwei Aufschlagfehler hintereinander macht.
d) wenn der Ball, bevor er den Boden zweimal berührt hat oder vom Rückschläger gespielt worden ist, den Aufschläger, dessen Kleidung oder Ausrüstung berührt.

7.8. Die Zählweise

Das Spiel geht über zwei oder maximal drei Gewinnsätze (je nach Wahl des Veranstalters). Der Spieler, der zuerst 9 Punkte erzielt hat, gewinnt den Satz. Ausnahme: Bei einem Stand von 8 : 8 bestimmt der Rückschläger, bevor der nächste Aufschlag ausgeführt wird, ob der Satz bis 10 Gewinnpunkte gespielt wird. In diesem Fall gewinnt der Spieler den Satz, der zuerst die beiden nächsten Punkte gewonnen hat.

7.9. Das Let

Ein „Let" ist ein unentschiedener Ball; der Aufschlag oder Ballwechsel, in dessen Verlauf ein „Let" zugestanden wird, zählt nicht; der Aufschlag wird wiederholt. Ein „Let" annulliert jedoch keinen vorangegangenen Fehler.

7.10. Der gültige Rückschlag

Der Rückschlag ist dann gültig, wenn der Ball, bevor er den Boden zweimal berührt hat, auf die Frontwand über dem Playboard zurückgeschlagen wird, ohne dabei den Boden oder irgendeinen Körperteil oder ein Kleidungsstück des Rückschlägers zu berühren, vorausgesetzt, der Ball trifft nicht außerhalb des Spielfeldes auf oder wurde zweimal geschlagen.

7.11. Der Ball trifft den Gegner

Der Spieler gewinnt den Ballwechsel, wenn der gültig zurückgeschlagene Ball die Frontwand getroffen hätte, ohne vorher eine andere Wand zu berühren, es sei denn, der Spieler ist dem Ball vor der Ausführung des Schlages mit einer vollen Drehung um die eigene Achse gefolgt, was zu einem „Let" führt; wenn der Rückschlag in anderer Weise (Auftreffen auf der Frontwand nach berühren einer anderen Wand) gültig gewesen wäre.

Der Spieler verliert den Ballwechsel, falls der Rückschlag nicht ohnehin gültig gewesen wäre. Der Ball ist auch dann nicht mehr im Spiel, wenn er anschließend noch die Frontwand trifft.

7.12. Die Berufung

Gegen Punkterichterentscheidungen kann Berufung eingelegt werden, ausgenommen bei folgenden Fällen:

- bei Fußfehlern
- Gegen den Ruf „Fehler" des Punkterichters beim ersten Aufschlag kann keine Berufung eingelegt werden.

Berufung ist möglich, wenn

a) der Punkterichter beim zweiten Aufschlag „Fehler" ruft, kann der Aufschläger Einspruch einlegen. Wird der Entscheid widerrufen, muß ein „Let" gewährt werden.

b) der Punkterichter beim zweiten Aufschlag weder „Fehler", noch „aus" ruft, kann der Rückschläger sofort oder wenn er den Aufschlag annimmt, am Ende des Ballwechsels Einspruch erheben. Wird die Entscheidung des Punkterichters widerrufen, geht der Aufschlag an den Rückschläger.

c) der Punkterichter beim ersten Aufschlag nicht „Fehler" ruft, kann der Rückschläger Einspruch erheben, es liege ein Aufschlagfehler vor, vorausgesetzt, er macht keinen Versuch, den Ball zu schlagen. Wenn der Punkterichter beim ersten Aufschlag nicht „aus“ oder „zu tief“ ruft, kann der Rückschläger Einspruch erheben, entweder sofort oder am Ende des Ballwechsels. In beiden Fällen verliert der Rückschläger den Ballwechsel, falls der Einspruch abgelehnt wird.

Ein Einspruch kann nur am Ende des Ballwechsels erfolgen.

In allen Fällen, in denen ein „Let“ gefordert wird, muß dies dem Schiedsrichter laut und deutlich mit den Worten „Let bitte“ mitgeteilt werden. Bis die Schiedsrichterentscheidung dann gefallen ist, wird das Spiel unterbrochen.

Nach einem Aufschlag kann keine Berufung mehr gegen vorher passierte Dinge eingelegt werden.

7.13. Sicht und Raum zum Schlagen

a) Der Spieler muß sich bemühen, seinem Gegenspieler eine ständig freie Sicht auf den Ball zu ermöglichen, sodaß er ihn stets ungehindert spielen kann.
b) Der Spieler muß sich ebenfalls bemühen, seinen Gegenspieler nicht in dessen Bemühen, den Ball zu erreichen, zu behindern.
c) Der Spieler muß sich bemühen, dem Gegenspieler, soweit es dessen Position eben zuläßt, soviel Freiraum zu lassen, daß er den Ball an die Seitenwände nahe der Frontwand oder an die Frontwand direkt spielen kann.

Im Falle einer Behinderung kann der Schiedsrichter den Ballwechsel dem Gegner zusprechen, falls er der Meinung ist, daß der Spieler sich nicht im Rahmen seiner Möglichkeiten bemüht hat, eine Behinderung zu vermeiden. Dies kann nach einem Einspruch oder von sich aus geschehen.

Hat jedoch der Spieler (nach Meinung des Schiedsrichters) alles getan, um die Behinderung zu vermeiden, gewährt der Schiedsrichter ein „Let“, außer die verursachte Behinderung des Gegenspielers hat diesen daran gehindert, den Ballwechsel für sich zu entscheiden. In diesem Fall spricht der Schiedsrichter den Ballwechsel dem Gegner zu.

7.14. Wann ein „Let“ gewährt wird

a) Ein „Let“ kann gewährt werden, wenn

1) aufgrund der Stellung des schlagenden Spielers sein Gegenspieler nicht vermeiden kann, vom Ball berührt zu werden, bevor dieser zurückgeschlagen wird
2) der Ball irgendeinen Gegenstand berührt, der auf dem Spielfeld liegt.
3) der Spieler sich scheut, den Ball zu schlagen, weil er befürchten muß, den Gegenspieler zu verletzen
4) der Spieler beim Schlag den Gegner berührt.
5) der Schiedsrichter über eine Berufung zu entscheiden hat und sich nicht dazu in der Lage sieht
6) ein Spieler seinen Schläger fallen läßt, ruft oder sonst den Gegner irgendwie ablenkt und der Ge-

genspieler infolge dieser Ablenkung (nach Meinung des Schiedsrichters) den Ballwechsel verloren hat

b) Ein „Let“ muß gewährt werden, wenn

1) der Rückschläger nicht spielbereit ist und keinen Versuch macht, den Aufschlag anzunehmen
2) ein Ball während des Spiels beschädigt wird
3) ein sonst gültiger Rückschlag ausgeführt worden ist, der Ball aber nach seinem ersten Auftreten aus dem Spielfeld springt

Kein „Let“ wird gewährt, wenn ein Spieler (obwohl die Voraussetzungen für ein „Let“ gegeben sind) versucht, den Ball zu spielen.

7.15. Neuer Ball

Wenn der Ball nicht im Spiel ist, kann (bei beiderseitigem Einverständnis der Spieler oder bei Berufung eines Spielers) nach Ermessen des Schiedsrichters der Ball durch einen neuen ersetzt werden.

7.16. Die Einspielzeit

Unmittelbar vor Spielbeginn haben die Spieler die Möglichkeit, sich einzeln oder gemeinsam auf dem Spielfeld, auf dem das Spiel durchgeführt wird, einzuspielen. Die Einspielzeit darf fünf Minuten nicht überschreiten.

Nach einer längeren Unterbrechung kann der Schiedsrichter ebenfalls eine Einspielzeit einräumen, damit die Spieler den Ball warmspielen können.

7.17. Unterbrechung / Spielverzögerung

a) Wegen außerhalb des Einflußes der Spieler liegender Umstände kann das Spiel jederzeit für eine vom Schiedsrichter zu bestimmende Zeit unterbrochen werden. Wird das Spiel nicht am selben Tag fortgesetzt, so soll es neu begonnen werden, falls sich die Spieler nicht anders entscheiden.

b) Hat ein Spieler trotz eingehender Mahnung das Spiel absichtlich verzögert, so kann der Schiedsrichter das Spiel zu Gunsten seines Gegners entscheiden.

c) Zwischen den einzelnen Sätzen wird eine Pause von je einer Minute gewährt, zwischen dem 4. und 5. Satz eine von zwei Minuten. 10 Sekunden vor dem Ende der Pause kündigt der Punktrichter das Ende eben dieser Pause an.

d) Wird der Ball unspielbar, kann ein neuer Ball eingespielt werden.

7.18. Der Schiedsrichter

a) Der Schiedsrichter spricht Punkte und „Let“ zu und trifft alle anderen Entscheidungen, die ihm nach den Regeln obliegen. Er entscheidet über alle Einsprüche der Spieler einschließlich derjenigen gegen Spielstandsansagen und Punktentscheidungen des Punkterichters.

b) Wenn der Punktestand offensichtlich falsch ausgerufen wurde, dann muß er den Punkterichter darauf aufmerksam machen.

c) Wenn der Punkterichter „zu tief“ oder „aus“ gerufen hat und der Schiedsrichter auf Einspruch hin entscheidet, daß dies nicht der Fall war, wird ein „Let“ gewährt. Ist der Schiedsrichter jedoch der Auffassung, daß ohne den Ruf des Punkterichters unzweifelhaft ein einen Punkt gewinnender Schlag ausgeführt worden wäre, dann spricht er den Punkt entsprechend zu.
d) Wenn der Punkterichter versäumt hat, einen Ball als „zu tief“ oder „aus“ zu rufen und der Schiedsrichter auf Einspruch hin entscheidet, daß dies tatsächlich der Fall war, wird der Ballwechsel entsprechend zugesprochen.
e) Der Schiedsrichter ist ebenfalls dafür verantwortlich, daß alle in den Regeln festgelegten Zeiten streng eingehalten werden.
f) Der Schiedsrichter kann anordnen, daß
- ein Spieler, der das Spielfeld verlassen hat, weiterspielt
- ein Spieler den Platz verläßt und das Spiel dem Gegner zugesprochen wird
- das Spiel einem Spieler zugesprochen wird, dessen Gegner nicht innerhalb von 10 Minuten nach dem angekündigten Spieltermin erscheint
- das Spiel unterbrochen wird, damit er einen oder beide Spieler über ihr Verhalten belehren kann, das geeignet erscheint, zu Regelverstößen zu führen
- dem Gegenspieler ein Satz zugesprochen wird, wenn ein Spieler trotz vorausgegangener Warnung

weiter den Ball ohne Einverständnis seines Partners während einer Satzpause in Bewegung hält

7.19. Der Punkterichter

Er sagt Spiel und Punktestand an. Der Punktestand des Aufschlägers wird zuerst genannt. Er soll der Situation entsprechend „Fehler“, „Fußfehler“, „aus“ oder „zu tief“ rufen. Geschieht dies, dann wird der Ballwechsel abgebrochen.

Wird die Entscheidung des Punkterichters revidiert, wird (mit Ausnahmefällen) ein „Let“ gewährt.

Wenn dem Aufschläger ein Aufschlagfehler unterlaufen ist und der Aufschlag nicht angenommen wurde, wiederholt der Punkterichter den Punktestand und fügt hinzu: „ein Fehler“. Danach schlägt der Aufschläger von neuem auf. In dem Fall, daß der hierauf folgende Ballwechsel zu einem „Let“ führt, wird der Ruf „ein Fehler“ bis zur endgültigen Entscheidung dieses Ballwechsels wiederholt, soferne weiter „Let“-Entscheidungen getroffen werden.

Wenn kein Schiedsrichter bestimmt wurde, übt der Punkterichter auch die Aufgaben des Schiedsrichters aus. Hat der Punkterichter keine genügende Sicht oder ist sich seiner Sache nicht sicher, verlangt er eine entsprechende Entscheidung vom Schiedsrichter; sieht sich dieser dazu außerstande, dann wird ein „Let“ gewährt.

8. Kleines Squash-Lexikon

a) Maßangaben

Court: **Höhe** 6,0 m
Breite 6,401 m
Aufschlagrechteck 1,601 m
Auslinie 2,134 m bzw. 6,401 m
Aufschlaglinie 4,572 m
Brett 0,453 m
Grundlinie 9,754 m
(siehe Zeichnung Seite 21)

Schläger (Racket):
Gesamtlänge 68,5 m
Breite des Schlägerkopfes 18,4 cm
Länge des Schlägerkopfes 21,5 cm

Ball: ∅ 39,5–41,5 mm
Gewicht: 23,3–24,6 g

b) Definitionen

Rückhand-Drop	Stoppball
Rückhand-Volley	Flugball
Rückhand-Boast	Winkelschlag
Rückhand-Drive	Treibball

Vorhand- (gleiche Bezeichnungen)

Shortline (Grundlinie)

Eine auf dem Boden angebrachte Markierung, die mit einem Abstand von 5,486 m parallel zur Frontwand über die ganze Breite des Platzes verläuft.

Half-court line (Mittellinie)

Eine parallel zu den Seitenwänden verlaufende Linie, die den hinteren Teil des Platzes in zwei gleiche Hälften teilt.

Tin (Blech)

Ein Streifen aus deutlich anders klingendem Material, der den unteren Teil der Frontwand zwischen Brett und Boden bedeckt.

Board (Brett)

Eine Linie, deren Oberkante 0,483 m über dem Boden liegt und die sich über die ganze Breite der Frontwand zieht.

Cut line (Aufschlaglinie)

Linie, deren obere Kante 1,829 m über dem Boden liegt und sich über die gesamte Breite der Frontwand erstreckt.

Service Box (Aufschlagfeld)

Die abgegrenzte Zone in den beiden Vierteln des Spielfeldes, aus der der Aufschlag erfolgt.

Time oder Stop

Ruf des Schiedsrichters, um das Spiel zu unterbrechen.

Not up (zu tief)

Hiermit wird angezeigt, daß der Ball nicht den Regeln entsprechend über das Brett gespielt wurde.

Let

Ruf eines der beiden Spieler, um einen Einspruch anzuzeigen.

Matchball (Spielball)

Der Spielstand, bei dem der Aufschläger nur mehr einen Punkt zum Spielgewinn benötigt.

Gameball (Satzball)

Der Spielstand, bei dem der Aufschläger nur einen Punkt benötigt, um den Satz zu gewinnen.

9. Squash – Wettkampf oder Hobbysport

Hat man sich einmal dazu entschlossen, seiner Freizeit durch Ausüben einer Sportart einen neuen Sinn zu geben, dann wird sich irgendwann einmal zwangsläufig die Frage stellen, ob man sein sportliches Hobby nicht intensiver, sprich im Wettkampf ausüben sollte.

Hier gilt es dann natürlich einiges zu bedenken:

Bisher hat es genügt, je nach Lust und Laune das Training zu besuchen, oder auch nur hin und wieder, eben per Spaß zu spielen. Jetzt geht das aber nicht mehr, denn gewisse Trainingszeiten müssen eingehalten und die Häufigkeit des Trainings muß gesteigert werden. Man möchte ja schließlich gewinnen!

Zuerst allerdings muß man sich einem Verein anschließen. Dies bedeutet nicht nur den vorhin erwähnten höheren Zeitaufwand beim Training, sondern auch vermehrte finanzielle und zeitmäßige Aufwendungen für Wettkämpfe, Turniere etc. Der Spieler ist ja dann nicht nur sich selbst, nein, er ist auch dem Verein gegenüber, der ihn vielleicht für die Mannschaft braucht, verpflichtet.

Es ist für das wettkampfmäßige Betreiben eines Sports der Beitritt zu einem Verein eigentlich unerläßlich, nicht nur aus organisatorischen Gründen, sondern auch deshalb, weil durch die ständige Konfrontation mit Vereinskollegen und Trainer eine Leistungssteigerung unausbleiblich ist. Die Sport-Center sind ausgezeichnet für diejenigen, die nur an Körperertüchtigung interessiert sind; für die genaue Erlernung einer Sportart muß es ein Verein sein.

10. Kosten

Die Ausrüstung

Nun, das wohl teuerste an der Ausrüstung wird in der Regel das Racket sein. Ein Racket ist schon zum Preis von ca. S 300,– zu haben. Die Preise können aber (für zugegebenermaßen schon sehr exquisite Schläger) bis an die S 2.000,– klettern. Man kann sich aber in fast allen Centern am Anfang ein Racket ausleihen.

Der Rest der Ausrüstung (Schuhe, Hemden, Hosen und Socken) ist zu den ortsüblichen Preisen in jedem Sportgeschäft oder Squash-Center zu bekommen und soll am Anfang eher auf die persönlichen Bedürfnisse als auf Schönheit und Eleganz abgestimmt sein. Das Hauptaugenmerk ist hier aber auf die Schuhe zu richten, die so beschaffen sein müssen, daß sie auf dem Courtboden keinerlei Spuren hinterlassen. Hier sind Schuhe mit einer stabilen, lauffreudigen Sohle dringend zu empfehlen.

Eine Sporttasche und ein Trainingsanzug sind ebenfalls anzuraten (Leibchen und Hosen zum Wechseln sowieso).

Geschätzte Gesamtkosten einer durchschnittlichen Anfängerausrüstung:

Schläger	Schuhe
2 Hemden	Trainingsanzug
2 Hosen	Tasche
3 Paar Socken	

S 3.000,–

Diverse Kosten

Wenn Sie eine engere Beziehung mit dem „Käfigsport“ eingehen, werden noch Kosten wie Trainerstunden, Courtmiete (hier gibt es auch diverse Zusatzangebote wie z. B. Sauna, Solarium, Massage, etc.), Mitgliedsbeiträge an den Verein oder Verband, Startgebühren für Turniere, Reise- und Übernachtungsspesen etc. dazukommen, die hier nicht angeführt werden können, da sie zu unterschiedlich sind. Aus Erfahrung muß ich aber sagen, daß sich solche Kosten in der Relation zur Freude der Sportausübung immer in erträglichen Grenzen halten.

11. Zusammenfassende Tips

Hier finden Sie alles, worüber Sie auch schon in den vergangenen Kapiteln gelesen haben, nur in kurzen Sätzen, bzw. Stichworten zusammengefaßt. Alles, was für Sie, der Sie sich für diesen Sport interessieren, von Wichtigkeit sein kann!

Was wollen Sie mit der Ausübung dieses Sports erreichen?

Sind sie bereit, Zeit und Geld für Training und Ausrüstung zu investieren?

Sehen Sie sich Squash erst einmal an, bevor Sie sich zu weiteren Schritten entschließen!

Wollen Sie Squash erlernen, dann suchen Sie ein Squash-Center auf!

Sprechen Sie dort mit den Fachleuten.

Kaufen Sie nicht gleich am Anfang eine teure Ausrüstung.

In jedem Center gibt es Leihschläger.

Am Anfang genügt einfache Sportkleidung.

Schuhe mit rutsch- und abriebfesten Sohlen müssen Sie aber mitbringen.

Nehmen Sie sich für den Anfang vor, regelmäßig einmal oder zweimal pro Woche zu trainieren.

Engagieren Sie einen Trainer.

Gehen Sie gleich von Anfang an mit einem gesunden Ehrgeiz an die Sache heran.

Übertreiben Sie es mit Ihrer Zielsetzung in den ersten Trainingswochen nicht.

Bewahren Sie vorerst in erster Linie die Freude an der „gezielten" Bewegung.

Hören Sie immer auf den Rat Ihres Trainers.

Er wird Ihnen sagen, wann es an der Zeit ist, sich ausführlicher mit der Sache zu beschäftigen.

Ziehen Sie ihn eventuell auch beim Schlägerkauf zu Rate.

Kaufen Sie Ihre Kleidung ganz nach Ihren persönlichen Bedürfnissen und nicht in erster Linie nach modischen Gesichtspunkten.

Überprüfen Sie Ihre Gesundheit (Herz, Kreislauf).

Suchen Sie sich auch fremde Spielpartner.

Spielen Sie auch manchmal allein und versuchen Sie dabei Ihre Fertigkeiten zu verbessern.

Versuchen Sie, sich für Ihr Training auch wirklich Zeit zu nehmen.

Es hat wenig Sinn, zwischen zwei Terminen schnell eine halbe Stunde Squash einzuschalten.

Entspannen Sie sich auch nach dem Spiel richtig und benutzen Sie die Einrichtungen Ihres Centers (Sauna, etc.).

Reisen Sie bei Turnieren rechtzeitig an.

Versuchen Sie Quartierfragen möglichst schon im vorhinein zu regeln. So ersparen Sie sich die lästige Quartiersuche am Turnierort und können ohne unliebsame Verzögerung mit dem Training beginnen.

Debattieren Sie bei einem Turnier nicht mit den Kampfrichtern. Das ist nicht immer leicht, aber in der

Regel bringt es außer noch mehr Ärger nichts ein.

Vergleichen Sie ruhig verschiedene Angebote (Die Preise für Courtmiete und Trainerstunden können durchaus differieren).

Achtung: Das auf den ersten Blick billigste Anbot muß nicht immer das günstigste sein.

Teil II

Badminton

Liebe Badmintonfreunde!
Liebe Leser dieses Buches!

Mit Freude Freude darf ich Ihnen dieses Buch über die Entwicklung des Federballspieles hin zum Badmintonsport zur Einführung in diese faszinierende Weltsportart empfehlen.

BADMINTON bedeutet Rasanz, Fitness, Ausdauer, Faszination, weltweite Verbreitung, Olympiasportart, aber auch Familiensport für Jung und Alt beiderlei Geschlechts, Lifetime-Sport, Bewegung, Freude, Spiel!

Als Präsident des Österreichischen Badminton Verbandes habe ich in erster Linie mit dem Wettkampfsport Badminton zu tun, der in ca. 100 Vereinen in Österreich, die in 8 Landesverbänden zusammengefaßt sind, betrieben wird. Seit einigen Jahren befassen wir uns jedoch auch intensiv, dem Beispiel vieler anderer Nationen folgend, mit der Entwicklung des Breitensports in Österreich. Mittlerweile haben bereits so manche Vereine ebenfalls Hobbyspieler- und Familiensportgruppen eingerichtet. Der entscheidende Durchbruch für die breite Bevölkerung wird aber in erster Linie durch das Angebot an frei zugänglichen, stundenweise mietbaren Badminton-Courts bestimmt, wo wir ein auf Tennishallen abgezieltes Programm entwickelt haben, in der Hoffnung, daß gut eingerichtete Tennis-Center doch in zunehmendem Maß auch in Österreich diese faszinierenden Sportausübungsmöglichkeiten für

Badminton anbieten mögen.

Wenn Sie Anfragen haben, stehen wir Ihnen gerne in allen Belangen des Badmintonsports zur Verfügung.

Wir verfügen auch über ausgezeichnetes Dokumentationsmaterial, das wir auf Anforderung gerne zusenden.

Nun aber viel Freude mit BADMINTON!

Horst Kullnigg
Präsident des ÖSTERREICHISCHEN
BADMINTON VERBANDES

1. Geschichte, Spielidee

Badminton, wie wir es heute kennen, kann auf eine langjährige Geschichte zurückschauen.

Es gab in den alten Kulturen Asiens und der Azteken bereits ähnliche Spiele, und im barocken Europa zählte das Spiel „Volant“ wohl zu den bekanntesten und beliebtesten Vergnügungen des Adels, wobei einige gekrönte Häupter es zu einem ausgezeichneten Ruf in bezug auf dieses Spiel brachten (wie z. B. Friedrich Wilhelm von Preußen). Anfang des 19. Jhdt. fand allerdings Badminton ein plötzliches Ende. Es verschwand sang- und klanglos von der Bildfläche.

Daß es nun gerade ein Adeliger war, der das in Vergessenheit geratene Spiel mit dem Federball wieder zum Leben erweckte, mag als ein besonderer Gag des Schicksals gelten, aber, wie dem auch sei, der Schauplatz der ersten Kämpfe mit dem Federball und dem Schläger war jedenfalls der Landsitz des Herzogs von Beauford in der Grafschaft Gloucestershire. Dies geschah um das Jahr 1870 herum. Der Name leitet sich vom Geburtsort des Herzogs, dem Badminton House, ab.

Vorerst allerdings blieb dieser Sport wiederum nur auf die englische Oberschicht beschränkt. Im Jahre 1893 wurden die ersten Meisterschaften ausgetragen, und 1899 kam Badminton dann auch in die Kolonien. Im Jahre 1934 schlossen sich neun Verbände zur Internationalen Badminton Federation (IBF) zusammen.

Durch den Krieg bedingt kam es in England zur völligen Stillegung des Badmintonsportes.

Nach dem Kriegsende legten die englischen Besatzungstruppen den Grundstein für die weitere Verbreitung des Badmintonsportes in Europa.

Als es den Technikern gelang, einen guten und preiswerten Kunststoffball zu entwickeln, war der Siegeszug von Badminton nicht mehr zu stoppen. Mit Indonesien und Japan traten zwei neue Großmächte in Sachen Badminton auf den Plan, die den traditionellen Ländern des Badminton schwer zu schaffen machten. Mitte der sechziger Jahre fand Badminton in der Volksrepublik China verstärkt Verbreitung.

Aus politischen Gründen kam es aber nicht zur Aufnahme Chinas in den Weltverband, woraufhin China und zwei weitere Länder aus der dritten Welt einen eigenen Verband, die WBF, gründeten. Die Wogen glätteten sich später, und die beiden Verbände haben in der Zwischenzeit wieder zusammengefunden.

Die Spielidee ist recht einfach erklärt. Der Federball wird vom Spieler mit einem Schläger über das Netz in das gegenüberliegende Feld befördert und ist hiermit im Spiel.

Der Gegner muß nun aber versuchen, den Ball zu erreichen (bevor er den Boden berührt) und ihn zu retournieren. Das Ziel des Spieles ist es, den Gegner so auszuspielen, daß ihm die Retournierung des Balles so schwer wie möglich, beziehungsweise unmöglich gemacht wird.

Der besondere Reiz dieses Spieles liegt nun darin, daß zum Erreichen dieses Zieles ein harter Schmetterball ebenso beitragen kann, wie ein butterweicher, genau über das Netz gespielter Drop. Der Ideenreichtum eines Spielers kann hier ein entscheidender Faktor zu einem guten Spiel sein.

2. Technische Daten

a) Das Spielfeld

Es ist in Rechteckform angelegt. Wie beim Tennis gibt es die Einteilung für Einzel- und Doppelspiel und in der Mitte ein Netz. Die Netzpfosten stehen aber genau in der Mitte der für das Doppel vorgesehenen Seitenlinien.

Die Breite der Markierungslinien beträgt vier Zentimeter. Die Markierungslinien müssen in einer deutlich sich vom Boden abhebenden Farbe beschaffen sein.

Das Netz ist straff gespannt, seine Höhe beträgt in der Mitte 1,524 m und an den Pfosten 1,55 m. Es ist an der Oberkante mit einem weißen Band versehen, dessen Breite auf jeder Seite 3,75 cm beträgt. Bei internationalen Spielen muß die Halle mindestens 9 m hoch sein.

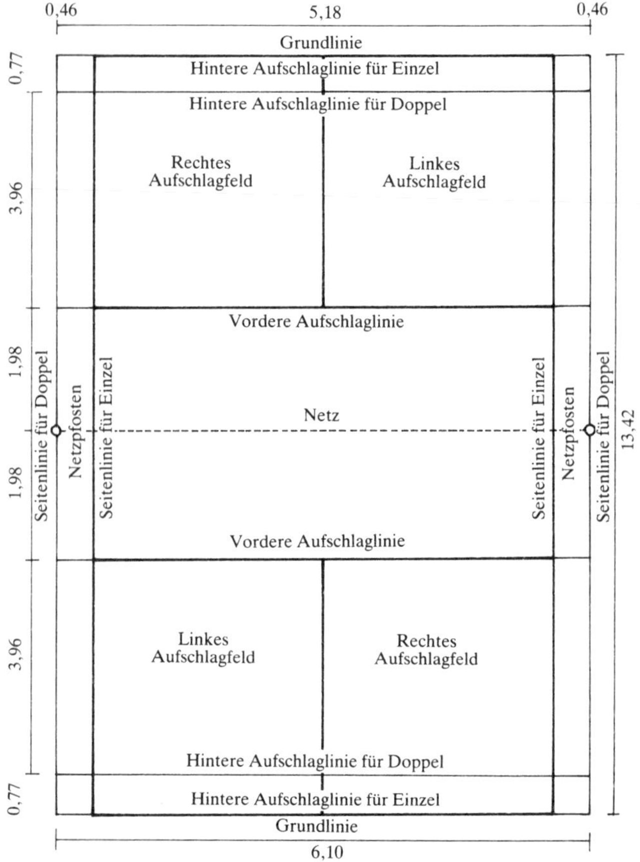
0,46
5,18
0,46
Grundlinie
Hintere Aufschlaglinie für Einzel
Hintere Aufschlaglinie für Doppel
Rechtes Aufschlagfeld
Linkes Aufschlagfeld
Vordere Aufschlaglinie
Seitenlinie für Doppel
Netzpfosten
Seitenlinie für Einzel
Netz
Seitenlinie für Einzel
Netzpfosten
Seitenlinie für Doppel
Vordere Aufschlaglinie
Linkes Aufschlagfeld
Rechtes Aufschlagfeld
Hintere Aufschlaglinie für Doppel
Hintere Aufschlaglinie für Einzel
Grundlinie
6,10
0,77
3,96
1,98
1,98
3,96
0,77
13,42

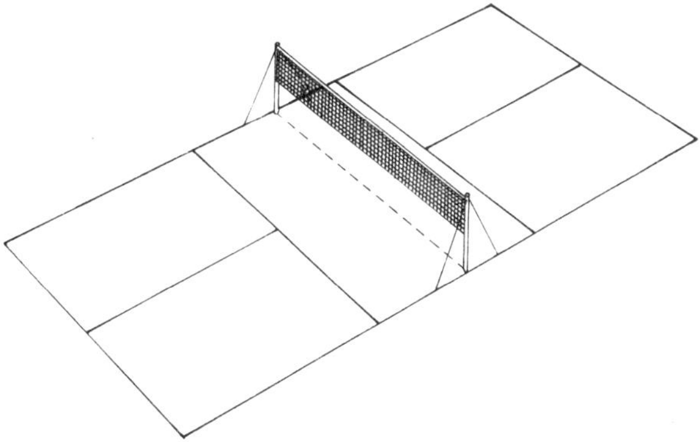

b) Der Ball

Der Federball muß aus 14—16 Gänsefedern bestehen und hat als Kopf einen mit Leder überzogenen Kork. Er hat ein Gewicht von 4,7—5,5 dag und wird auch in Kunststoff angeboten. Es gibt aber auch Bälle mit Kunststoffedern und einem Kopf aus Kork (mit Leder überzogen).

Die positiven Eigenschaften von guten Naturfederbällen sind folgende:

Stabiles Flugverhalten

Mit Flugdauer zunehmende Bremswirkung des Federkranzes

Beim Spiel am Netz rasches Erreichen der Normalhaltung (Kopf nach unten).

Kunststoffbälle sind im Vergleich zu den Naturfederbällen zwar wesentlich haltbarer, besitzen aber bei weitem nicht deren ausgezeichnete Flugeigenschaften.

Bei der Auswahl des Balles ist noch eines zu bedenken: je größer und kälter die Halle, umso schneller muß der ausgewählte Ball sein.

Der Federball wird dann unbrauchbar, wenn die Federkrone zerbricht. Dadurch wird die Flugkraft so beeinträchtigt, daß ein zu berechnendes Spiel kaum mehr möglich ist.

c) Der Schläger

Es muß vorerst einmal gesagt werden, daß sich in den Spielregeln für den Schläger (Größe, Gewicht, Beschaffenheit etc.) keinerlei Vorschriften finden. Theoretisch also ist den Produzenten von diesen Spielgeräten keine Grenze gesetzt. Es hat sich in der Praxis aber herausgestellt, daß auf Grund verschiedener Umstände (Feldgröße, Materialien, Flugeigenschaft des Balles) alle auf dem Markt befindlichen Schläger in Form und Größe sehr ähnlich sind.

Die durchschnittliche Länge des Schlägers beträgt 67 cm, sein Gewicht (im unbespannten Zustand) 95–140 Gramm.

Die Werkstoffe, aus denen ein Schläger gefertigt ist, reichen von Holz, Stahl und Aluminium, bis hin zu Graphit.

Für die Bespannung gibt es zwei Möglichkeiten:

Naturdarm oder Kunstsaite. Die Naturdarmsaite hat eine sehr hohe Elastizität, dafür aber eine kurze Lebensdauer und einen höheren Preis, während die Kunstsaite nicht so elastisch ist, dafür aber länger hält.

Bei der Bespannung muß auf die Härte geachtet werden: Eine härtere Bespannung erlaubt hohe Ballgeschwindigkeiten, eine weichere Bespannung ein gefühlvolleres und genaueres Spiel.

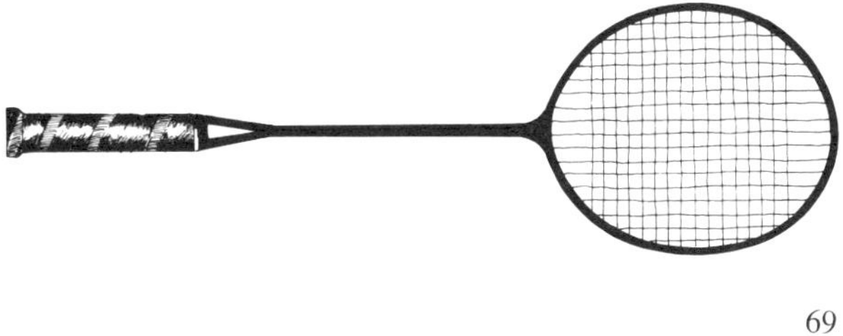

d) Die Kleidung

Dazu ist zu sagen, daß Badminton keine speziell angefertigte Kleidung erfordert. Normale Sportkleidung (so geschnitten, daß sie schnelle, extreme Bewegungen nicht behindert) genügt vollkommen. Zu Hemd, Hose, Pullover und Jacke kommt allerdings auch ein Trainingsanzug, der den Spieler in den Spielpausen vor der Gefahr einer Erklärung schützt und der den Wärmehaushalt des Körpers reguliert.

Die Farbe für den Wettkampf war früher ausschließlich Weiß. In der Zwischenzeit hat der IBF (der Internationale Badminton Verband) diese Bestimmung unter dem Einfluß der Werbung (Film und Fernsehen) aufgehoben und auch farbige Kleidung zugelassen.

e) Die Schuhe

Die unteren Extremitäten sind der während des Wettkampfs am meisten belastete Teil des Spielers. Daher bedarf es hier schon sorgfältig ausgewählten Schuhwerks, um die Belastungen so gering wie möglich zu halten.

Zu den unabdingbaren Eigenschaften eines guten Badmintonschuhs gehören:

Achillessehnenschutz
gepolstertes Fußbett
rutschfeste Sohle
abriebfeste Kappenverstärkung

Das Material muß atmungsaktiv, widerstandsfähig und leicht sein. Tennisschuhe sind in der Regel ungeeignet, Hand- oder Volleyballschuhe schon besser. Es gibt aber seit einiger Zeit auch speziell für Badminton bzw. Squash angefertigte Schuhe, die optimal auf diese schnellen Racketsportarten eingestellt sind.

3. Das Training

Für das Training (speziell im Einzelspiel) hier einige **Merksätze,** ganz für den Anfänger konstruiert:

- Den Ball so früh wie möglich fixieren! Behalte den Ball immer im Auge und lasse Dich nicht von Deinem Gegner ablenken! Schau beim gegnerischen Schlag auf den Ball, die Bewegungen Deines Gegners könnten ein Ablenkungsmanöver darstellen!
- Vermeide ein zu großes Risiko! Ein Spiel wird meist nicht durch eigenes zwingendes Spiel, sondern durch Schlagfehler des Gegners gewonnen.
- Konzentriere Dich allein auf das Spiel und lasse Dich nicht von äußeren Einflüssen (etwa Zurufe der Matchbesucher) ablenken.
- Treibe Deinen Gegner zur Grundlinie! Spiele daher hohe und vor allem weite Bälle.
- Versuche, so schnell es geht zur Spielfeldmitte zurück zu kommen; erwarte alle Schläge in der Spielfeldmitte!
- Ganz besonders wichtig ist es, Deinen Gegner aus der Spielfeldmitte wegzubringen. Daher mache einen Schlagwechsel weit-kurz und bringe so Deinen Gegner zum Laufen, er wird so rascher müde und wird beginnen, Fehler zu machen!
- Gib keinen Ball leichtfertig auf! Du kannst den Gegner mit einem besonders hart erkämpften Ball vielleicht entmutigen!

- Spiele sooft es geht Vorhand-Überkopf! Hier hast Du den Blickkontakt zum Gegner und mit dem Überkopfschlag die meisten Variationsmöglichkeiten.
- Es ist in der Regel besser anzugreifen, als sich verteidigen zu müssen! Mach daher viel Gebrauch vom Smash und vermeide das hohe Anspielen Deines Gegners, vor allem in der Spielfeldmitte.
- Denke immer daran, daß das Spiel erst mit dem letzten Punkt beendet ist. Der letzte Punkt ist also immer der entscheidenste!

3.1. Trainingslehre

Training ist ein organisierter und konzentrierter Vorgang, der sich an bestimmten Zielen orientiert und beim Sportausübenden eine Änderung in seinem Leistungsbereich hervorrufen soll.

Das Hauptziel eines Trainings ist es, die sportliche Leistung zu verändern oder zu stabilisieren. Die Grundbestandteile der sportlichen Leistung sind:

- Technik
- Kenntnisse
- Kondition
- Taktik
- psychische Faktoren

Das gezielte sportliche Training löst beim Menschen verschiedene Erscheinungen aus, die auf den Körper in Form von Reizen (Bewegungsreizen) wirken. Man muß hier aber beachten, daß zu schwache Reize keinerlei Reaktion hervorrufen, während zu starke Reize zu wesentliches Schädigungen führen können. Ein genau sondiertes Training (durch den Fachmann) ist hier sicher sehr zielführend.

Dauernde körperliche Belastung führt zu einer zumindest kurzfristigen Verminderung der Leistungsfähigkeit. Diese Ermüdung löst nun eine Reihe von Wiederherstellungsprozessen aus, die in einer neuen (besseren) Leistungsfähigkeit enden.

Hier nun einige wichtige **Merksätze**:

- Das Trainingsziel wird nur dann erreicht, wenn die Trainingsbelastung eine gewisse Intensität und einen bestimmten Umfang aufweist.
- Die Trainingsbelastung muß beständig gesteigert werden. Bleibt sie immer gleich, dann verringert sich die Trainingswirkung.
- Die Leistungs- und Belastungsfähigkeit eines Sportlers erhöhen sich umso schneller, je öfter und je intensiver trainiert wird.

3.2. Aufbau einer Trainingseinheit

a) Die **Vorbereitung:**

Die Aufwärmphase dient in erster Linie der Durchblutung der wesentlichsten Muskelgruppen. Durch abwechslungsreiches Sprung- und Laufprogramm mit intervallartigem Rhythmus wird dies am besten erreicht. Durch verschiedene Übungen (Atem-, Lockerungs- und Dehnübungen) werden die Pausen aktiv gestaltet. Man kann das Aufwärmen auch durch Verwendung von verschiedenen Geräten (Bälle, Sprungseile und

Langbänke) oder durch verschiedene Übungen mit dem Partner sehr abwechslungsreich gestalten.

b) Der **Hauptteil:**

Hier wird die Vervollkommnung der konditionellen Eigenschaften, das Schlagtraining und die taktische Handlungsfähigkeit trainiert. Das hier durchgeführte Training wird aber ganz individuell auf den einzelnen Spieler abgestimmt und es ist keineswegs gesagt, daß nicht eine der vorgesehenen Einheiten wegfallen oder besonders intensiv geübt werden kann. Das Techniktraining muß aber immer vor dem Konditionstraining stattfinden, da nach der Anstrengung des Konditionstrainings die Lernfähigkeit sehr stark abnimmt und die gesteckten Ziele kaum mehr erreicht werden.

Der letzte Teil des zweiten Abschnittes dient zur Beruhigung und ist auch gleichzeitig der Beginn der Erholungsphase. Hier stehen Massage, Sauna, Dusche und lockere Übungen zur Auswahl.

c) Das **Einschlagen:**

Das Einschlagen (mit einem Richtwert von ca. 10 Min.) dient der spezifischen Vorbereitung und sollte vor jedem technischen Training gemacht werden. Sein Ziel ist es, die Koordination aller notwendigen Schlag- und Laufbewegungen herzustellen. Eine gute Vorbereitung ist nur dann gegeben, wenn alle wichtigen Schlag- und Laufbewegungen eines Spielers auch in seinem Trainingsprogramm enthalten sind und wenn alle Abläufe in der zur Verfügung stehenden Zeit so oft es geht wiederholt werden.

Hier nun noch einige **generelle Merksätze zum Training:**

- Benutze vorerst nur einmal das halbe Spielfeld!
- Spiel Deinem Partner die Bälle solange genau zu, bis alle Schläge geübt sind; dann kannst Du mit dem freien Spiel beginnen.
- Achte zuerst darauf, Deine Bewegungen frei und locker auszuführen (technisch sauber, versteht sich!), erst dann erhöhe die Intensität.
- Achte bei der Reihenfolge der Schlagarten auf einen methodischen Aufbau: vom Einfachen zum Komplizierten!

Einige einfache Übungen:

Stelle Dir eine Bewegung genau vor und führe diese dann vorerst ohne Ball aus.

Kontrolliere die Schlägerhaltung und führe eine Schlagbewegung mehrmals hintereinander aus.

Lege eine Schlägerhülle (ein Handtuch) in das gegenüberliegende Feld und versuche, es nacheinander mit mehreren Bällen zu treffen.

Dein Partner steht im gegenüberliegenden Spielfeld und hebt seinen Schläger hoch und Du mußt den Aufschlag über seine Reichweite spielen.

Dies waren einige kurze Beispiele von Aufschlagübungen, hier nun eine Zeichnung und eine kurze Erklärung über den Aufschlag selbst:

Die Ausholphase:

Der Spieler nimmt die Grundstellung ein, schulterbreite Schrittstellung und stärkere Belastung des rechten Beines. Der rechte Fuß wird stärker nach außen gedreht als der linke.

Die Schlagphase:

Der rechte Arm wird zurückgenommen, das Handgelenk wird nach oben und zur Daumenseite geneigt, das Körpergewicht auf den linken Fuß verlagert. Der Arm wird nach vorne geschwungen, der Schläger bleibt mit stark abgewinkeltem Handgelenk zurück. Dann geht das Handgelenk wieder in die Normalstellung zurück und es erfolgt eine Drehung des Unterarms. Der Ball wird dann seitlich vor dem Körper getroffen.

Die Aufschwungphase:

Das Ellenbogengelenk wird gebeugt und die Bewegung schwingt diagonal nach vorne über die linke Schulter aus.

Zuletzt noch einige **andere Übungsformen (Überkopf-Clear):**

Die Partner stehen sich gegenüber, werfen sich einen Federball mit der rechten Hand zu und fangen ihn mit der linken (oder umgekehrt).

Wurfbewegung mit dem Schläger ganz ohne Kraft ausführen.

An einer auf einem langen Faden aufgehängten Kugel einen Clear gegen den ruhig hängenden Ball schlagen.

Beide Partner stehen im Spielfeld, der eine spielt einen hohen Aufschlag, der andere schlägt einen Clear zurück (abwechselnd).

Der Clear ist der wohl wichtigste Schlag im Badmintonsport überhaupt und muß bei korrekter Ausführung von Grundlinie zu Grundlinie geschlagen werden.

Die Ausholphase: Der linke Arm hebt sich in Richtung Ball und der rechte Arm bringt den Schläger hoch. Die Schlagschulter und die rechte Hüfte werden zurückgenommen, der rechte Fuß zurückgesetzt.

Die Schlagphase: Hüfte und Schulter vorbringen. Der Schläger beschreibt hinter dem Rücken eine Schleife und schwingt bis neben die rechte Körperseite. Ober- und Unterarm sind nach außen gedreht, das Handgelenk zum Handrücken hin gebeugt. Der Ellbogen geht nach vorne. Der Oberarm wird gehoben und der Ellbogen schnell gestreckt. Die Schlagfläche wird durch eine Drehbewegung im Ober- und Unterarm erst kurz vor dem Treffpunkt in die gewünschte Schlagrichtung gebracht.

Die Aufschwungphase: Der Schlägerkopf schwingt nach vorne unten, in Richtung linkes Bein.

4. Die Technik

a) Die **Lauftechnik:**

Die Lauftechnik versetzt den Badmintonspieler in die Lage, einen Schlag auch unter dem Druck des Gegners korrekt auszuführen und dem Ball die gewünschte Flugbahn und Richtung zu geben.

- Der ankommende Ball muß mit Hilfe der Lauftechnik in der für den geplanten Schlag notwendigen Ausgangsstellung erreicht werden.
- Durch die Ausführung der Lauftechnik müssen schnelle und ökonomische Bewegungen möglich sein.
- Das rasche Erreichen der Spielfeldmitte nach Beendigung der Schlagbewegung ist nur durch eine optimale Lauftechnik möglich.
- Zur Vermeidung der vorzeitigen Ermüdung des Spielers sollten unrationelle Bewegungen vermieden werden. Hiezu verhilft ebenfalls eine gute Lauftechnik.

Der gute, sichere Schlag ist immer das Resultat der Bewegung des ganzen Körpers. Es ist daher unbedingt erforderlich, daß der Spieler sofort (noch vor dem Beginn der Schlagphase) hinter den Ball gelangt. Dies bringt ihm verschiedene Vorteile:

- Der Schlag bekommt durch die Gewichtsverlagerung in die Schlagrichtung eine bessere Intensität.

- Bei vorgetäuschten Schlägen erhöht der Körpereinsatz die Wirkung.
- Der Ausholweg wird verlängert und der Schlägerkopf beschreibt eine größere Schleife. Dadurch wird die Treffergenauigkeit verbessert.
- Das Erreichen der Spielfeldmitte wird erleichtert, da bereits während des Schlages die Bewegung in Richtung zur Mitte hin stattfindet.

Eines der wichtigsten Dinge beim Badminton aber ist jener Punkt an der Mittellinie, der die Laufwege des Spielers auf die Hälfte reduziert, also die zentrale Position.

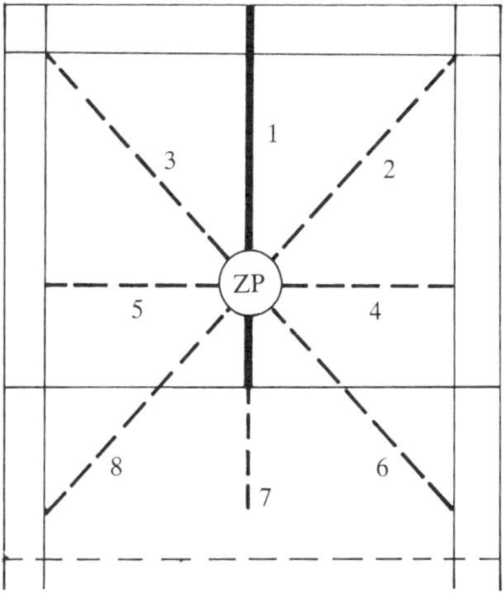

ZP = Zentrale Position
1–8 = Laufwege

Es ist wichtig, nach der Ausführung des Schlages sofort wieder eben diese Position zu gewinnen, um die eigene Laufbewegung zu beenden, sobald der Gegner den Ball trifft.

Die Lauftechnik bietet dem Spieler (ähnlich wie die Schlagtechnik) eine ganze Reihe von Möglichkeiten, die dann in einer zentralen Position zusammen treffen und eine sternförmige Figur bilden.

Es sind dies: der Lauf zum Netz, das Spiel am Netz selbst, der Lauf zu den Seitenlinien und zurück, der Lauf zur Grundlinie und zurück, der Lauf parallel zur Mittellinie, der Lauf zur rechten hinteren Ecke, der Lauf zur linken hinteren Ecke.

b) **Techniktraining und Übungen:**

Nach letzterer geht das motorische Lernen über verschiedene Stufen:

- Erwerben
- Verfeinern
- Festigen
- Anwenden
- variables Verfügen

Im Verlauf des Lernprozesses nimmt der Übende Informationen auf, speichert sie und versucht sie dann anzuwenden. Das Ziel ist es hier, einen gleichmäßigen Bewegungsablauf zu erarbeiten, der an verschiedene äußere Bedingungen angepaßt werden kann. Dieser Lernprozeß beginnt natürlich mit einer Informationsvermittlung: Der Sportler wird über die auszuführende

Bewegung vom Trainer durch Erklärung und Vorzeigung informiert. Über das Zentralnervensystem gelangt diese Information ins Gehirn, wo ein erster Entwurf der geplanten Bewegung entsteht. Der Sportler versucht nun diesen Bewegungsimpuls in die Tat umzusetzen. Mittels Korrektur durch den Trainer wird nun solange der Vorgang wiederholt, bis sich die Bewegung gefestigt hat.

Die Fehlerkorrektur: Diese nimmt einen wichtigen Platz im Rahmen eines jeden Lernprozesses ein. Wir können hier drei Phasen unterscheiden:

- die Wahrnehmung durch eine zweite Person (z.B. der Trainer)
- das Fehlersehen, das ist die Analyse des Wahrgenommenen und die Feststellung der Abweichung vom Idealbild
- der Korrekturhinweis, das Aufzeigen der Ursache des Fehlers und die Anweisung zu seiner Beseitigung

Methodik der Technikschulung: Es bieten sich alle Hilfsmittel der modernen Sporttechnik an, von verbalen (Beschreibung, Erklärung, Korrektur) bis hin zu visuellen: Fotos, Bildreihen, Filme, Videogeräte und das Vormachen der Bewegung.

Zum Abschluß dieses Kapitels noch ein **Merksatz:**

- Das Erlernen von Bewegungsfertigkeiten geschieht hauptsächlich durch das Üben. Das Üben ist damit das zentrale Medium zur Schulung einer Technik.

Übungen:

a) Theoretische Übungen, wie zum Beispiel die Erklärung des Spielfeldes und des Spielgerätes.

b) Die Schlägerhaltung: Drehen des Griffes in der Hand, Einnahme des Universalgriffes etc.

c) Ausfallschritt: Erklären, Demonstrieren und das Üben mit dem Schläger

d) Hochschlagen des Balls mit Vor- und Rückhand, mit Variieren der Schlaghöhe

e) Gehen im Kreis und durcheinander, mit ständigem Hochtippen des Balles

f) Vorwärts und rückwärts laufen, über die Langbank zum Beispiel mit ständigem Hochtippen des Balles

g) Hinsetzen und Aufstehen, in Bauch und Rückenlage, ebenfalls mit ständigem Hochtippen des Balles

h) Aufheben und Balancieren mit dem Schläger, ohne die linke bzw. rechte Hand dabei zu verwenden.

i) Hochtippen und Auffangen mit dem Schläger mit Ausfallschritt

j) Staffelformen mit den unter d–i beschriebenen Übungen.

Auf die einzelnen speziellen Übungen für die verschiedenen Situationen soll hier nicht näher eingegangen werden, es ist besser, wenn sie dies mit dem Trainer persönlich in der Praxis durchmachen und sich dann, nach den praktischen Übungen auch erst die theoretischen Grundlagen zu Gemüte führen und so vorhandene Mängel auch selbst erkennen und ausbessern lernen.

5. Taktik

Vorerst muß gesagt werden, daß die Taktik in den verschiedenen Sportarten einen doch sehr unterschiedlichen Platz einnimmt. In Sportarten wie zum Beispiel Turnen oder auch Eiskunstlaufen ist das durch die spezielle Art der Sportausübung gegebene taktische Ziel die optimale Durchführung der Bewegungsabläufe. Bei der Leichtathletik zum Beispiel drückt sich das taktische Handeln vor allem in den situationsbedingten Geschwindigkeitsanpassungen aus.

Mannschaftsspiele und Kampfsportarten, sowie Tennis und Badminton zählen zu jener Gruppe, bei der die Taktik zu einem wichtigen, leistungsbestimmenden Faktor wird.

Eine wichtige Voraussetzung für jede taktische Handlung ist die möglichst gute Beherrschung der Schlag- und Lauftechnik. Man muß daher taktische und technische Schulung stets als eine Einheit betrachten.

Die Phasen der taktischen Handlung:

Hier vollzieht sich das Geschehen in drei Abschnitten.

- Wahrnehmen und Analysieren der Situation
- die gedankliche Lösung der Aufgabe
- die motorische Lösung der Aufgabe

Methoden zur Taktikschulung:

Erarbeitung von technischen Grundformen zur Lösung einer taktischen Aufgabe. Erlernen der Fähigkeit zur richtigen Einschätzung der Spielsituation und Wahl der richtigen Lösung. Richtige Anwendung der taktischen Handlungen entsprechend der Spielsituation.

Erstellung eines taktischen Konzepts:

Bei der Festlegung der taktischen Einstellung müssen Sie folgende Gegebenheiten berücksichtigen:

die äußeren Bedingungen, wie Lichtverhältnisse, Höhe der Halle, Bodenbeschaffenheit, Art der Federbälle usw.

Stärken und Schwächen des Gegners

eigene Stärken und Schwächen

Taktische Merksätze:

Es mag vielelicht komisch anmuten, eine eigentlich selbstverständliche Tatsache noch extra auszusprechen, aber der wichtigste Merksatz ist folgender: Der Ball muß über das Netz und in das gegnerische Feld geschlagen werden, nur dann kann der Gegner auch einen Fehler begehen.

Forcieren Sie das Angriffsspiel, das heißt, den Ball so hoch wie möglich annehmen, die Rückhand, wenn es möglich ist, unterlaufen und die Bälle Vorhand-Überkopf oder Links-vom-Kopf schlagen. Den Ball nicht ohne Zwang oder Plan hoch in das gegnerische Feld spielen.

Hat eine bestimmte Taktik gegen einen bestimmten Gegner Erfolg, dann soll sie solange nicht geändert werden, bis der Andere ein Mittel dagegen gefunden hat.

Nie einen Ball oder ein Spiel aufgeben. Erst nach dem Matchball ist ein Spiel gewonnen oder verloren.

6. Kondition

Unter der Kondition versteht man die physische und psychische Verfassung und Bereitschaft des Sportausübenden, die ihn zur Ausübung einer bestimmten Sportart befähigt. Die körperliche Kondition umfaßt nun folgende Eigenschaften:

- Schnelligkeit
- Ausdauer
- Kraft
- Beweglichkeit
- Gewandtheit

Speziell für Badmintonspieler wichtige Konditionspunkte:

Armkraft: Da der Schläger hier sehr leicht ist, aber trotzdem hohe Geschwindigkeiten erreicht werden müssen, spielt die Kraftschnelligkeit in der Verbindung mit der technischen Fähigkeit sicher eine entscheidende Rolle.

Rumpfkraft: An allen intensiven Schlagbewegungen ist die Rumpfmuskulatur beteiligt; Bauch- und Rückenmuskulatur müssen daher in Richtung Schnellkraft und Kraftausdauer entwickelt werden.

Beinkraft: Hier liegt eindeutig der Schwerpunkt der Kraftschulung. Die unzähligen Starts, Sprünge und Sprints, die der Spieler während eines Wettkampfs absolviert, erfordern ein hohes Maß an Schnellkraft und eine ganz ausgezeichnete Schnellkraftausdauer der gesamten Beinmuskulatur.

7. **Spielregeln** (Kurzfassung)

Es werden folgende Disziplinen gespielt:
Herreneinzel
Dameneinzel
Herrendoppel
Damendoppel
Gemischtes Doppel

Zählweise

Vor Beginn eines Spieles entscheidet der Gewinner des Loses, ob er das Aufschlagrecht oder die Spielfeldseite wählt. Ein Punktegewinn kann nur vom Aufschlagenden erzielt werden. Begeht dieser einen Fehler, verliert er das Aufschlagrecht, der Punktestand jedoch verändert sich nicht. Der Aufschlag wird immer vom Aufschlagfeld in das diagonal gegenüberliegende Annahmefeld geschlagen, bei geradem Punktestand des Aufschlagenden vom rechten Aufschlagfeld, bei ungeradem Punktestand vom linken Aufschlagfeld.

Fehler

Der Ball wird beim Aufschlag oberhalb der Hüfte getroffen.

Der Schlägerkopf zeigt im Moment der Ballberührung beim Aufschlag nicht deutlich abwärts.

Aufschlagender und Annehmender stehen nicht mit beiden Füßen fest im Aufschlagfeld.

Der Ball landet nicht im richtigen Annahmefeld bzw. während des Spieles nicht im gegnerischen Feld.

Der Ball wird in das Netz, unter dem Netz durch oder bevor er das Netz überquert hat, geschlagen.

Der Schläger oder der Körper berühren das Netz. Der Ball berührt den Körper.

Der Ball wird nicht geschlagen, sondern geworfen bzw. geschleudert.

Der Ball wird zweimal von einer Partei geschlagen.

Gewinner

Alle Spiele gehen über zwei Gewinnsätze. Mit Ausnahme des Dameneinzels wird in einem Satz bis 15 Punkte gespielt (Dameneinzel bis 11). Wer bei Gleichstand 13 zuerst diese Punktezahl erreicht hat, kann den Satz bis 18 verlängern, bei Gleichstand 14 bis 17. Im Dameneinzel besteht die Möglichkeit von 9:9 und 10:10 bis 12 Punkte zu verlängern. Nach jedem Satz wird die Spielfeldseite gewechselt. Im dritten Satz findet der Seitenwechsel bei 8 bzw. im Dameneinzel bei 6 Punkten statt.

Hier noch ein Beispiel, ein Auszug aus den Regeln des ÖBV über die Bekleidungsvorschriften:

Grundsätzlich ist Sportkleidung, also nicht Trainingsanzug zu verwenden, wobei im Bereich des ÖBV auch Vereinsdressen verwendet werden können. Weiters ist zu beachten: Die Bekleidung der Spieler soll vorwiegend weiß sein. Dies gilt für alle Bekleidungsstücke mit Ausnahme von Schuhen, Stirn- und Schweißbändern. Ein Farbanteil bis zu ca. 15 % der Bekleidungsfläche (Einsätze, Streifen) ist gestattet. Die normalen Herstellerembleme sind erlaubt. Alle anderen Embleme sind beschränkt auf maximal 20 cm^2 im Gesamtausmaß, auf einem Bekleidungsstück je Auftritt.

8. Die Kosten

Nun, um Badminton zu betreiben, muß man bei weitem kein Krösus sein. Es kommt aber ganz darauf an, ob man diesen Sport nur als Hobby bzw. Körperertüchtigung oder als Wettkampf ausüben möchte.

Betrachten wir die Sache einmal von der Hobbyseite aus. Hier werden günstige Pauschalpreise für Hobby- und Familienspieler angeboten. Dazu müssen Sie einen Trainingsanzug, geeignetes Schuhwerk und guten Willen mitbringen. Ein Racket können Sie sich sogar ausleihen.

Ein wenig teurer wird die Sache, wenn Sie sich dazu entschließen, Ihren Sport wettkampfmäßig zu betreiben. Dann müssen Sie schon gewisse Kriterien beachten.

Die Sportkleidung muß auf die speziellen Bedürfnisse des Badmintons abgestimmt sein (sie muß Bewegungsfreiheit garantieren und atmungsaktiv sein). Die Schuhe müssen den sportlichen Anforderungen entsprechen.

a) Kleidung: zwischen S 600,– und S 1.200,– (Hose, Leibchen, Trainingsanzug, Socken)

b) Schuhe: S 500,– bis S 1.000,–

c) Schläger: ab S 350,– bis S 1.500,–

d) div. Kosten: Mitgliedsbeiträge, Turniergebühren, Reise- und Übernachtungsspesen (werden manchmal auch vom Verein getragen).

9. Kleines Badminton-Lexikon

Clear	hoch in den Grundlinienbereich geschlagener Ball
Smash	hart und steil nach unten geschlagener Ball, voll getroffen oder mit seitlichem Schnitt
Drop	möglichst kurz hinter das Netz geschlagener Ball, voll getroffen oder geschnitten
Drive	ein in Netzhöhe scharf und flach geschlagener Ball, Ziel: Feldmitte oder Grundlinienbereich
„Töten“	im Netzbereich geschlagene Bälle
Heben	Ausführungsmöglichkeiten beim Heben: voll getroffen, geschnitten, gestochen
Stechen	Spiel am Netz, Ball dreht sich um die Querachse
Federkrone	unterer Teil des Federballes
Korb-Kork	oberer Teil des Federballes
Racket	der Schläger
Gem. Doppel	eine Dame und ein Herr
Rahmen	Teil des Schlägers, der die Bespannung trägt

Saite	Teil der Bespannung
Lifetime-Sportart	kann von Kindesbeinen an bis ins hohe Alter betrieben werden
Badminton	wettkampfmäßig in der Halle
Federball	hobbymäßig – am Strand, im Bad etc.